INHALT

I ELISABETH ALS ANGEHÖRIGE DES EUROPÄISCHEN HOCHADELS

Elisabeth wurde 1207 in die Welt des europäischen Hochadels hineingeboren. Über ihren Vater König Andreas II. entstammte sie dem ungarischen Königshaus der Arpaden. Der ungarische Königshof verband den europäischen Westen mit dem byzantinischen Osten und war ein Schnittpunkt europäischer Kulturströmungen. Seine hochrangige Hofkultur an den Königssitzen Esztergom und Buda verschmolz westeuropäische und südeuropäisch-byzantinische Einflüsse.

Über ihre Mutter Gertrud gehörte Elisabeth der Familie der Andechs-Meranier an. Als eine der mächtigsten Herzogsfamilien des damaligen deutschen Reiches betrieben die Andechs-Meranier eine europaweite Familien- und Herrschaftspolitik. Sämtliche sieben Geschwister Gertruds hatten hohe weltliche oder kirchliche Funktionen inne bzw. heirateten in europäische Königs- und Herzogsfamilien ein. Der Einflussbereich der Andechs-Meranier reichte von Schlesien, Ungarn und der Adria (Istrien und Meranien) bis nach Burgund und an den französischen Königshof.

Königskopf, Kalocsa, Ungarn, um 1200–1230, Rotmarmor, gemeißelt, teilweise poliert, Budapest, Magyar Nemzeti Galéria (Ungarische Nationalgalerie)
Das Fragment stammt vermutlich von einem Portal der erzbischöflichen Kathedrale in Kalocsa.

Grabmal der Gertrud von Andechs-Meranien

Gertrud, die Mutter Elisabeths, wurde 1213 von ungarischen Adligen ermordet. Ihre Söhne errichteten ihr 1228 in der Kirche des Zisterzienserkloster Pilis ein aufwendiges Grabmal in den modernsten Formen der französischen Gotik. Es handelte sich um ein Wandgrab mit lebensgroßer Liegefigur der Toten, das nur von einem in Chartres oder Reims geschulten Bildhauer geschaffen worden sein kann. Die ausgestellten Fragmente stammen von den Seitenwänden der Tumba.

Abb. rechts oben: Königskopf, Fragment des Grabmals der Gertrud von Andechs-Meranien Pilis, Zisterzienserkirche, Ungarn, 1225/30, Kalkstein, Budapest, Magyar Nemzeti Galéria (Ungarische Nationalgalerie)

rechts: Lilienkrone, Budapest, Margareteninsel Ungarn, 3. Viertel 13. Jh., Silber, vergoldet, Edelsteine, Perlen, Budapest, Magyar Nemzeti Galéria (Ungarische Nationalgalerie)
Die Krone war Grabbeigabe für einen Angehörigen der ungarischen Königsfamilie. Sie stammt aus einem Grab des Budapester Dominikanerinnenklosters auf der Margareteninsel. Das für Elisabeths Nichte Margarete (1242–1270) gegründete Hauskloster des arpadischen Königshauses bildete im 13. Jahrhundert eines der religiös-kulturellen Zentren Ungarns.

Krönungsmantel der Gertrud von Andechs-Meranien, islamisch (Syrien, Byzanz ?), 11. Jh., Seide, Pseudo-Damast, monochrom gemustert, Kloster Andechs, Benediktiner- und Wallfahrtskirche
Die Tunika ist eine Berührungsreliquie der hl. Elisabeth. Sie gilt als der Mantel, in dem Elisabeths Mutter zur ungarischen Königin gekrönt wurde. Elisabeth soll den Mantel selbst getragen und ihn später an das Kloster Andechs geschenkt haben.

DER THÜRINGER LANDGRAFENHOF ZUR ZEIT DER ELISABETH

II

Elisabeth wurde 1211 im Alter von vier Jahren als kindliche Braut von Ungarn nach Thüringen gebracht. Sie wuchs an einem der modernsten deutschen Fürstenhöfe auf. Die Landgrafen von Thüringen zählten im frühen 13. Jahrhundert zu den mächtigsten Fürsten des Reiches. Ihr Herrschaftsbereich erstreckte sich von der Saale im Osten bis zur Lahn im Westen und umfasste die Landgrafschaft Thüringen, die Pfalzgrafschaft Sachsen und die Herrschaft Hessen. Herrschaftszentren waren in Thüringen Eisenach mit der Wartburg, Gotha und Weißensee, in der Pfalzgrafschaft die Neuenburg mit Freyburg und in Hessen Marburg und Kassel. Hier hielten sich die Landgrafen bevorzugt auf, errichteten repräsentative Burgen, hielten aufwändig Hof und gründeten Städte. Dank der zentralen Stellung ihres Machtbereichs in der Reichsmitte kam ihnen eine Schlüsselposition in den Auseinandersetzungen zwischen Kaiser, Papst und Fürsten zu. Unter Hermann I. (1190–1217) gewann der landgräfliche Hof auch an kultureller Ausstrahlungskraft. Der Landgraf förderte die bedeutendsten Dichter seiner Zeit und war Mäzen Heinrichs von Veldeke und Walters von der Vogelweide. Zugleich ließ er für sich und seine Gemahlin Sophia prachtvolle Gebetbücher anfertigen, die zu den kostbarsten Werken religiöser Buchkunst aus der Zeit um 1200 gehören.

Elisabethpsalter, Reinhardsbrunn (?) / Niedersachsen (?), nach 1201/vor 1208, Pergament, fol. 167v/168r, Cividale, Museo Archeologico Nazionale

Die ältesten Berichte über das Leben Elisabeths

Dank des Heiligsprechungsverfahrens, das kurz nach ihrem Tode 1231 einsetzte, wurden über das Leben Elisabeths so detaillierte zeitgenössische Berichte aufgezeichnet wie bei keiner anderen Fürstin ihrer Zeit. Schon im Sommer 1232 verfasste Elisabeths Beichtvater Konrad von Marburg einen kurzen Lebensabriss (die sog. „Summa Vitae“), den er mit dem ersten Heiligsprechungsantrag dem Papst übersandte. Im Januar 1235 sagten für einen erneuten Antrag vier Frauen aus dem engsten Umkreis Elisabeths ausführlich unter Eid aus: die thüringischen Hofdamen Guda und Isentrud und die Marburger Hospitalschwestern Elisabeth und Irmgard. Ihre Berichte wurden bald nach Elisabeths Heiligsprechung 1235 zu einer Lebensbeschreibung redigiert, dem sog. „Libellus de dictis quatuor ancillarum“ (Büchlein über die Aussagen der vier Dienerinnen), von dem sich eine kürzere und eine längere Fassung erhalten haben. Als Augenzeugenberichte bieten die Summa Vitae und der Libellus einen fast unverstellten Blick auf die historische Person Elisabeths. Nahezu das gesamte Wissen über Elisabeth gründet sich auf diesen Texten. Sämtliche erhaltenen ältesten Handschriften der Summa Vitae und des Libellus sind in dieser Ausstellung vereint. Sie legen hier zu den wichtigsten Lebensstationen Elisabeths Zeugnis ab.

Landgrafenpsalter, Reinhardsbrunn (?) / Niedersachsen (?), 1208–1213, Pergament, fol. 174v/175r, Stuttgart, Württembergische Landesbibliothek

Elisabethpsalter

Der Prachtpsalter entstand für die Landgräfin Sophie, die Schwiegermutter Elisabeths. Das prunkvoll illuminierte Gebetbuch stellt eines der wichtigsten Zeugnisse für das religiöse Leben am Thüringer Landgrafenhof und für die frühen religiösen Prägungen Elisabeths dar. Wahrscheinlich hielt Elisabeth diesen Psalter selbst in den Händen. In der künstlerischen Ausgestaltung des Gebetbuchs und in seiner Verwendung in der religiösen Praxis des Hofes verflechten sich hochadlige private Frömmigkeit und höfisch-fürstliche Repräsentation. Das Landgrafenpaar ist als Auftraggeber abgebildet. Die Illustrationen spielen auf die spezifische Situation des Landgrafenhofs an. Zugleich visualisierten die Bilderzyklen und Miniaturen die Inhalte der Gebete und Psalmen, die während der Messe und gemeinsamer Gebetsstunden gesprochen wurden, und ermöglichten so, die religiöse Erfahrung in besonderer Weise zu vertiefen.

Landgrafenpsalter

Der Landgrafenpsalter ist die Schwesterhandschrift des Elisabethpsalters und wurde gleichfalls für Elisabeths Schwiegermutter geschaffen. Elisabeth muß auch dieses Gebetbuch gut gekannt haben. In ihm bündelt sich der Erfahrungshorizont der heranwachsenden Elisabeth – private Frömmigkeit, religiöse Praxis, hochadlige Repräsentation und europäische Vernetzung des Landgrafenhofes. Berühmt ist der Landgrafenpsalter für seine Herrscherpaar-Illustrationen. Sie zeigen Hermann I. und Sophie als die Auftraggeber,

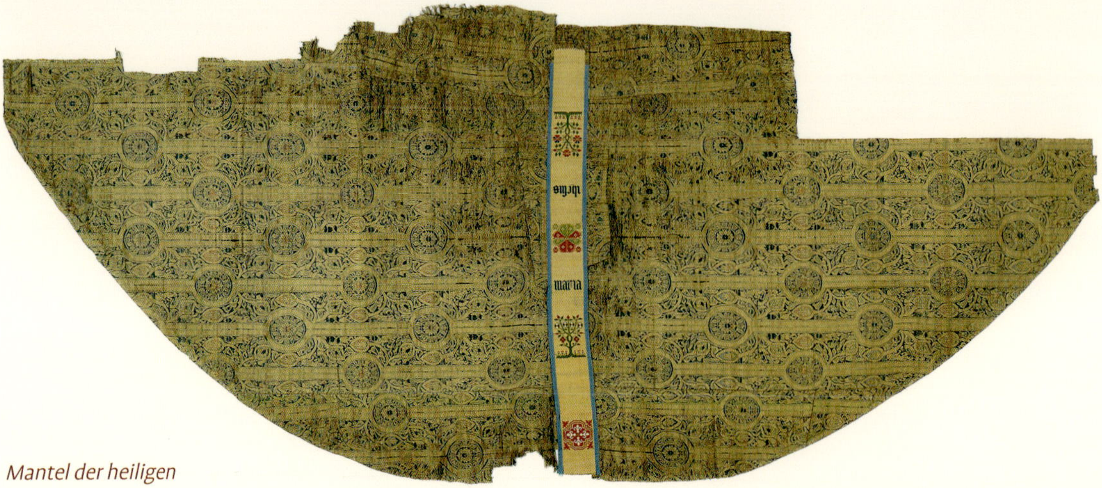

Mantel der heiligen Elisabeth, Mesopotamien (Bagdad ?), um 1230–35 (?), Lampas, Seide
Der Mantel gilt als Reliquie Elisabeths. Er könnte Elisabeth gehört haben oder aus ihrem Umfeld stammen. Vermutlich gelangte das Gewand nach der Reformation aus der Marburger Elisabethkirche nach Wien und 1789 in den Besitz der Klagenfurter Elisabethinen.

das ungarische Königspaar Andreas II. und Gertrud, die Eltern Elisabeths, und das mit Hermann I. und Elisabeth verwandte böhmische Königspaar Otakar I. und Konstanze, die eine Schwester Andreas' II. war. Durch die gemeinsame Darstellung dieser Paare in einem Gebetbuch erscheinen sie gleichermaßen als dynastisch-politischer Verband und hochadlige Gebetsgemeinschaft.

Schild und Schwert Konrads, Landgraf von Thüringen

Der Monumentalschild und das Prunkschwert sind mit dem Wappen der Landgrafen von Thüringen und des Deutschen Ordens ausgezeichnet. Sie werden deshalb Landgraf Konrad, dem Schwager Elisabeths, zugeschrieben, der 1234 in den Deutschen Orden eintrat und 1240 als dessen Hochmeister starb. Sie sind einzigartige, authentische Zeugnisse für den ritterlich-kriegerischen Repräsentationsanspruch des Landgrafenhofes zur Zeit Elisabeths.

rechts: Schild Konrads, Landgraf von Thüringen, Hessen, vor 1240, Lindenholz, Leder, farbig gefasst, Marburg, Universitätsmuseum für Kunst- und Kulturgeschichte (Dauerleihgabe der Lutherischen Kirchengemeinde Marburg)
unten: Schwert Konrads, Landgraf von Thüringen, Passau, frühes 13. Jh., Eisen, Bronze, Messing, Berlin, Deutsches Historisches Museum

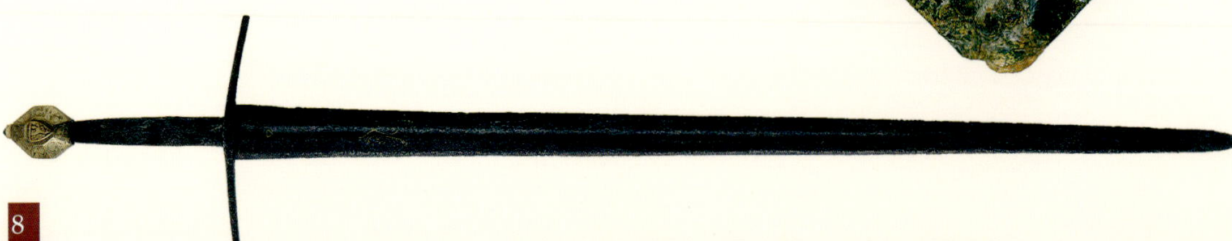

Wartburg bei Eisenach von Osten, Fern- und Detailansicht

Wartburg, Palas, Ansicht von Südwesten, Rekonstruktion des Zustands um 1162 nach Elmar Altwasser und Gerd Strickhausen, IBD Marburg, 1999, Grafik: Anna Schulze (oben links) und Ansicht von Westen, heutiger Zustand (unten)

Wartburg, Palas, Elisabethkemenate, Blick nach Nordwesten

Die Wartburg

Ihren Ruhm verdankt die Wartburg bei Eisenach vor allem den bedeutenden Ereignissen wie dem „Sängerkrieg", dem Fest der Burschenschaften 1817 sowie dem Wirken der hl. Elisabeth und Martin Luthers. Weniger bekannt ist jedoch, dass auch die Bausubstanz zu den herausragenden Zeugnissen deutscher Geschichte bzw. Baugeschichte gehört. Zweifelsfrei zählt nämlich auch der Palas der Wartburg zu den größten, anspruchsvollsten und am besten erhaltenen romanischen Profanbauten Deutschlands. Er bildet den eigentlichen baulichen Kern der Burg und wurde Mitte des 12. Jahrhunderts erbaut. Der Palas, wie er unter Landgraf Ludwig II. zunächst bis etwa 1162 fertig gestellt wurde, besaß zunächst drei Geschosse. Große Teile einschließlich der Raumfolge sind aus der Bauzeit erhalten, darunter der quadratische Südraum, die sog. „Elisabethkemenate", die über einer Mittelsäule kreuzgratgewölbt ist und von Anfang an einen Eckkamin und zwei kleine Rundbogenfenster besaß.

III BEGEGNUNG MIT DER RELIGIÖSEN ARMUTSBEWEGUNG

Kruzifix, Thüringen, 1220–1230, Linde, Kiefer, Eisenach, Thüringer Museum, Leihgabe der Kirchgemeinde Osthausen
In der Zeit um 1200 vollzieht sich ein Wandel in der Darstellung des Gekreuzigten. Man zeigt von jetzt an den geschundenen, toten Erlöser. Dieses Bild spielt für die Passionsfrömmigkeit eine zentrale Rolle und dürfte auch Elisabeth beeindruckt haben.

Als junge Landgräfin begegnete Elisabeth im Alter von 14/15 Jahren den ersten Franziskanern in Deutschland. Unter ihrem Eindruck entschied sie sich 1222/23 nach dem Vorbild des Franziskus von Assisi zu einer radikalen Abkehr von ihrem bisherigen fürstlichen Leben und zu einer Nachfolge Christi in Armut, Selbsterniedrigung und Nächstenliebe. Elisabeth war die höchstgestellte Frau ihrer Zeit, die sich den Zielen des Franziskus anschloss. Ihr Gemahl Ludwig IV. unterstützte sie in ihrer rigorosen Frömmigkeit gegen die Widerstände am Hof. Mit seiner Zustimmung erwählte Elisabeth 1226 den einflussreichen Kreuzzugsprediger Konrad von Marburg († 1233) zu ihrem geistlichen Leiter und gelobte ihm Gehorsam. Konrad stand den religiösen Armuts- und Bußbewegungen seiner Zeit nahe und förderte die neuen Formen der Frauenfrömmigkeit, die sich in den ersten Jahrzehnten des 13. Jahrhunderts im Umkreis der belgisch-niederländischen Beginen Maria von Oignies und Hadewijch entwickelt hatten. Seine strenge geistliche Leitung Elisabeths führte zu tiefen Konflikten am Thüringer Landgrafenhof, doch ermöglichte sie Elisabeth die Verwirklichung ihrer franziskanischen Ziele, soweit dies ihre fürstlichen Pflichten zuließen.

Die Welt der Armen

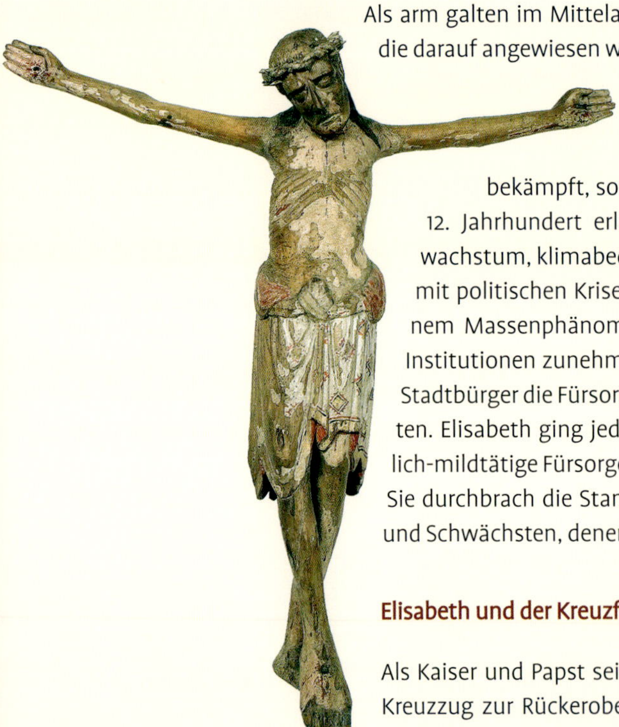

Als arm galten im Mittelalter die sozial Niedrigsten und materiell Schwachen, die darauf angewiesen waren, ihren Lebensunterhalt durch ihrer eigenen Hände Arbeit zu verdienen. Für Arme zu sorgen war christliches Gebot der Nächstenliebe und Dienst an Gott. Armut wurde deshalb nicht in ihren Wurzeln bekämpft, sondern nur in ihren Erscheinungsformen gelindert. Im 12. Jahrhundert erlangte Armut eine neue Dimension. Bevölkerungswachstum, klimabedingte Missernten und Krankheiten überlagerten sich mit politischen Krisen und Kriegsereignissen, infolgedessen Armut zu einem Massenphänomen wurde. Deshalb übernahmen neben geistlichen Institutionen zunehmend auch fürstliche Landesherren und wohlhabende Stadtbürger die Fürsorge für Arme und Kranke, indem sie Hospitäler gründeten. Elisabeth ging jedoch in ihrer Hinwendung zu den Armen über christlich-mildtätige Fürsorge und Linderung akuter existenzieller Not weit hinaus. Sie durchbrach die Standesgrenzen und identifizierte sich mit den Ärmsten und Schwächsten, denen sie in eigener Person bis zur Selbstaufgabe diente.

Elisabeth und der Kreuzfahrertod ihres Gemahls

Als Kaiser und Papst seit 1223 bei den deutschen Fürsten für einen erneuten Kreuzzug zur Rückeroberung Jerusalems warben, wandten sie sich auch an Landgraf Ludwig IV. Der Gemahl Elisabeths sagte seine Teilnahme zu, ließ sich dafür aber vom Kaiser weit reichende finanzielle und politische Zugeständnisse machen. Im Sommer 1227 brach Ludwig nach Süditalien auf, wo er am 11. September 1227 in Otranto bei der Einschiffung nach Palästina einer Fieberepidemie erlag. Die Nachricht von seinem Tod führte zum Abbruch des gesamten Kreuzzugs. Für Elisabeth bedeutete Ludwigs Tod eine Katastrophe und Wende zugleich. Die heftigen Spannungen zwischen der thüringischen Hofgesellschaft, vor allem ihren Schwägern, und der jungen Landgräfin brachen nun offen aus, so dass Elisabeth nichts anderes blieb, als den Hof zu verlassen. Mit diesem Schritt eröffnete sich für sie ein Weg, ihre radikalen religiösen Ideale frei von allen weltlichen und familiären Bindungen zu verwirklichen.

Bußgewand der heiligen Elisabeth, 1. Drittel 13. Jh., Wollstoff, dunkelbraun gefärbt, Oberwalluf, Katholische Pfarrgemeinde St. Martin
Das Gewand soll Franziskus von Assisi der Legende nach an Elisabeth gesandt haben. Seinem Alter und Aussehen nach könnte es Elisabeth gehört haben. Farblich entspricht es jenem dunklen Gewand (tunica grisea), *das Elisabeth als Marburger Hospitalschwester trug.*

Elisabeth und ihr Marburger Hospital

Nach dem Tod ihres Mannes am 11. September 1227 wurde Elisabeth von ihren Schwägern Heinrich Raspe und Konrad ihrer Witwengüter beraubt und zum Verlassen des Hofes gezwungen. Dieser unerhörte Skandal führte dazu, dass der Papst Elisabeths Beichtvater Konrad von Marburg zu ihrem Beschützer bestellte. Konrad erwirkte eine materielle Abfindung und veranlasste Elisabeth, in seine Heimatstadt Marburg überzusiedeln. Elisabeth entschied sich hier für eine Lebensform, die ihr eine Christusnachfolge im Sinne des Franziskus von Assisi ermöglichte: Sie lebte als „Schwester in der Welt", d. h. als Schwester eines Hospitals im Dienst an den sozial Schwächsten und Kranken. Das Hospital, das sie bei der landgräflichen Stadt Marburg errichtete, war als erste Kirche nördlich der Alpen dem hl. Franziskus geweiht. Hier verbrachte Elisabeth ihre drei letzten Lebensjahre vom Spätsommer 1228 bis zu ihrem Tod in der Nacht vom 16. zum 17. November 1231 in größter Nächstenliebe und Selbsterniedrigung. Als einzige Fürstin ihrer Zeit wählte Elisabeth diese Lebensform. Einzigartig war auch die Verbindung von Franziskanertum und Hospitaltätigkeit, die Elisabeth erstmals verwirklichte. Mit ihr ging sie einen außergewöhnlichen, eigenständigen Weg, der sie schon zu Lebzeiten in den Ruf der Heiligkeit brachte.

Das Elisabethhospital unterhalb der Wartburg

Auf dem Elisabethplan unterhalb der Wartburg gründete Elisabeth im Frühjahr 1226 oberhalb der dort entspringenden Quelle in einem „großen Haus", wie die Quellen berichten, angesichts einer Hungerskatastrophe ein Hospital. Bei den Grabungen 2006 wurden die Steinfundamente eines einzelnen großen Gebäudes mit ca. 80 qm Grundfläche freigelegt, das in die 1. Hälfte des 13. Jahrhunderts zu datieren ist.

IV DIE HEILIGSPRECHUNG – EIN JURISTISCHES VERFAHREN

In der Nacht vom 16. zum 17. November 1231 starb Elisabeth in ihrem Marburger Hospital. Kurz darauf setzte ihre Verehrung durch die Gläubigen ein, die in der Hoffung auf Wunderheilungen in großer Zahl an ihr Grab strömten. Im August 1232 formulierte Konrad von Marburg einen ersten, spontanen Antrag auf Heiligsprechung. Daraufhin setzte Papst Gregor IX. das offizielle Kanonisationsverfahren in Gang, das im Juli 1233 durch die Ermordung Konrads von Marburg zum Stillstand kam. Im engen Zusammenwirken von Gregor IX., Kaiser Friedrich II., dem Deutschordenshochmeister Hermann von Salza und den Landgrafen von Thüringen wurde im Oktober 1234 das Verfahren wieder aufgenommen und im Januar 1235 der endgültige Kanonisationsantrag formuliert. Schon am 27. Mai 1235 sprach Gregor IX. Elisabeth in Perugia heilig. Ein Jahr später, am 1. Mai 1236, erfolgte die feierliche Erhebung ihrer Gebeine in Marburg, bei der Kaiser Friedrich II. eine goldene Krone für das Haupt der Heiligen stiftete.

Kopfreliquiar mit Krone, Antike Achatschale, goldene Fassung, um 1000, Umwandlung in ein Reliquiar durch Hinzufügung von Nodus, Deckel, Fuß, Kronreif und Kronenbügel, zweites Viertel 13. Jh., Stockholm, Statens Historiska Museum*
Das Reliquiar vereint das Trinkgefäß, das Friedrich II. Elisabeth 1236 darbrachte, und die Krone, mit dem Friedrich II. ihr Haupt schmückte. Den ältesten Teil bildet die antike Trinkschale aus Achat. Sie erhielt um 1000 eine goldene, mit Edelsteinen besetzte Fassung. Das ottonische Prunkgefäß hat man im 13. Jahrhundert in großer Eile zu dem Reliquiar umgearbeitet. Dafür wurde der silbervergoldete Deckel und vor allem die kostbare Krone aus der kaiserlichen Schatzkammer hinzugefügt, die auf das in dem Gefäß geborgene heilige Haupt verweist.

rechts: Kanonisationsurkunde „Gloriosus in maiestate", 1235, Pergament, Bleibulle am rot-gelben Seidenbündel, H. 37,5 cm (+ Umbug 2,9 cm), B. 53,5 cm, Ausstellungsort Perugia, Wien, Deutschordenszentralarchiv.
Eine von insgesamt elf erhaltenen Heiligsprechungsurkunden der hl. Elisabeth.

** in der Ausstellung als digitale Präsentation*

ANFÄNGE UND ERSTE VERBREITUNG DES KULTES

Mit ihrer Aufnahme in den Kreis der Heiligen galt Elisabeth als wirksame Helferin und als Vermittlerin zwischen den Gläubigen und Gott. Ihre Verehrung und ihr Kult prägten sich in den für das Mittelalter typischen, vielgestaltigen Formen aus. Elisabeth wurden zahlreiche Kirchen und Altäre geweiht. Hier verehrten die Gläubigen die in kostbaren Behältern geborgenen irdischen Überreste ihres Körpers (Reliquien), die den unmittelbaren Kontakt mit der Heiligen ermöglichten. Pilger zogen in Strömen zu Elisabeths Grab nach Marburg, um ihre Wundermächtigkeit zu erfahren und zum Beweis ihrer Wallfahrt wiederum Pilgerzeichen in ihre Heimat mit zu nehmen. In der Abfolge der kirchlichen Feste im Jahr erhielt Elisabeth einen nach ihr benannten Festtag: den 19. November, den Tag ihrer Bestattung. Er wurde mit einer jährlich wiederkehrenden Messfeier gewürdigt, in der man die Erinnerung an Elisabeth mit liturgischen Texten, Gebeten, Gesängen und Predigten wach hielt. Auf der Grundlage der ältesten Berichte über Elisabeth entstanden schon im 13. Jahrhundert zahlreiche Lebensbeschreibungen (Viten), Legenden und volkstümliche Dichtungen, die den Gläubigen das vorbildhafte Leben und Wirken der Heiligen nahebrachten.

rechts: Ostensorium mit Reliquien der hl. Elisabeth, Niedersachsen (?), 14. Jh., Bergkristall, Silber (vergoldet), Halberstadt, Dom und Domschatz*
Das Sichtreliquiar birgt authentische Körperreliquien der Elisabeth. Auf beschrifteten Pergamentstreifen werden die in Stoff gehüllten Reliquien als Stücke von den Knöcheln, den Rippen und vom Fleisch der hl. Elisabeth identifiziert.

oben: Kruzifix mit Elisabeth-Reliquien aus Hervest-Dorsten, Westfalen, um 1390, Eiche, Dorsten-Hervest, Katholische Pfarrkirche St. Paulus
Im Haupt des Kruzifixes wurden Ende des 14. Jahrhunderts Fleisch-, Blut- und Kleiderreliquien Elisabeths geborgen. Die Art der Reliquien spricht dafür, dass sie schon 1231 dem aufgebahrten Leichnam der Elisabeth entnommen worden sind.

** in der Ausstellung als digitale Präsentation*

Kapitel V

Das Glasfenster in der Marburger Elisabethkirche

Das Medaillonfenster mit den Bildern der heiligen Elisabeth ist Bestandteil der ursprünglichen Verglasung der Marburger Grabeskirche und entstand um 1240. Das Glasfenster war vermutlich in unmittelbarer Nähe des Grabes in der Nordkonche eingesetzt, um dort für die Pilger das Leben der Heiligen präsent zu halten. In sechs Bildern werden in der rechten Bahn Stationen aus dem Leben der heiligen Landgräfin gezeigt, denen in der anderen Fensterhälfte die sechs Werke der Barmherzigkeit nach Matthäus (25, 35-40) gegenübergestellt sind, die Elisabeth beispielhaft als Verkörperung der tätigen Nächstenliebe leistet. Hierzu zählt auch die ausgestellte Szene, in welcher sie fremde Pilger in Empfang nimmt. Die zugreifende Geste der Heiligen und ihre körperliche Nähe zu den ausgesprochen elenden Gestalten der Bedürftigen verleihen der Darstellung eine besondere Dramatik. Der Blick Elisabeths aber wendet sich aus dem Bild heraus an den Betrachter und fordert ihn zur Nachfolge auf.

Elisabeth nimmt Fremde auf, *Scheibe aus dem Medaillonfenster der Marburger Elisabethkirche , Thüringen-Ostsachsen (?), um 1240, Glasmalerei, Marburg, Elisabethkirche, Leihgabe der Elisabethkirchgemeinde*

DAS LEITBILD EVANGELISCHER ARMUT – DIE VIELEN SEITEN DER ELISABETH-VEREHRUNG

Armreliquiar der hl. Elisabeth, Westdeutschland, um 1240, Silber, vergoldet, Edelsteine, Bendorf-Sayn, Schloss Sayn, Privatbesitz der Fürsten Sayn-Wittgenstein-Sayn
Das Reliquiar bildete einst das kultische Zentrum der Elisabethverehrung in Altenberg.

Die Tochter Gertrud in Altenberg

Gertrud, die jüngste Tochter Elisabeths, wurde erst nach dem Tod ihres Vaters am 29. September 1227 geboren. Nachdem sich Elisabeth als Hospitalschwester in Marburg von allen irdischen Bindungen losgesagt hatte, gab sie Anfang 1229 ihre kleine Tochter in das Kloster Altenberg bei Wetzlar. Von 1248 bis zu ihrem Tod 1297 stand Gertrud dem Kloster als Meisterin vor. Die Tochter der hl. Elisabeth wurde als „lebende Reliquie" verehrt. Ihr verdankt Altenberg seinen Aufstieg zu einem der bedeutendsten Orte der Elisabethverehrung. Gertrud selbst berief sich in ihrem Wirken für das Kloster auf ihre Abstammung von der Heiligen. In Nachfolge ihrer Mutter nahm sie sich der Krankenfürsorge an und gründete ein Hospital zu Ehren Elisabeths. Ebenso nachhaltig förderte sie den Kult ihrer Mutter in Altenberg durch den Erwerb zahlreicher Reliquien. Durch Gertrud nahm der Elisabethkult in Altenberg im besonderen Maße auch persönlich-biographische Züge an. So fanden Ehe und Abschied ihrer Eltern und der Kreuzzugstod ihres Vaters in Altenberg mehrfach künstlerische Gestaltung.

Thüringen und Hessen

Der Elisabethkult ging nach dem Aussterben der Ludowinger 1247 in Thüringen und Hessen sehr unterschiedliche Wege. Hessen mit dem Grab der hl. Elisabeth fiel an Elisabeths älteste Tochter Sophie von Brabant. Sie begründete über ihren Sohn Heinrich eine eigene hessische Landgrafendynastie, die sich auf die Abstammung von der hl. Elisabeth als zentrales Element ihres Selbstverständnisses berief. Elisabeths Name erschien in den Titulaturen der Landgrafen, ihr Abbild auf den landgräflichen Siegeln und Münzen. Dieser dynastische Elisabethkult wurde im 15. Jahrhundert zum Kult einer Landesheiligen. Als „Hauptfrau" des Hauses Hessen stieg die hl. Elisabeth zur Patronin des Landes auf.

Thüringen als wichtigstes Wirkungsgebiet Elisabeths fiel 1247 an die Wettiner. Sie nahmen erst im frühen 14. Jahrhundert Elisabeth-Traditionen auf, gründeten zu Ehren der hl. Elisabeth unterhalb der Wartburg ein kleines Kloster und waren im Besitz bedeutender Elisabethreliquien. Über die wettinische Familie hinaus entfaltete der Elisabethkult jedoch keine Wirkung auf das Land Thüringen.

Der europäische Hochadel

Die weitverzweigte königliche und fürstliche Verwandtschaft Elisabeths war einer der wichtigsten Träger ihres Kultes. Vor allem ihre mütterliche Familie der Andechs-Meranier und das väterliche ungarische Königshaus verbreiteten die Verehrung der Heiligen über ganz Europa. In Schlesien berief sich ihre Tante, die schlesische Herzogin Hedwig, auf das Vorbild Elisabeths. In Ungarn wurde Elisabeth in die Reihe der königlichen Heiligen aufge-

Die Kanne der hl. Elisabeth, *2. Viertel 13. Jh., Silber, vergoldet, Braunfels, Fürstl. Solmssches Archiv*
Die Kanne war Teil des mittelalterlichen Reliquienschatzes des Klosters Altenberg. Sie galt als Berührungsreliquie der Elisabeth, die in ihrem Marburger Hospital aus dieser Kanne den Armen zu trinken gegeben haben soll.

nommen. Über die Heiraten ihrer Halbschwestern (Konstanze, Violante) und die Nachkommen ihres Bruders Béla wurde der Kult Elisabeths nach Böhmen, Spanien (Kastilien und Aragón) und an das Königshaus der Anjou (Sizilien-Neapel) vermittelt. Gleichzeitig hatte Elisabeth Vorbildfunktion für mehrere weibliche Mitglieder des böhmischen und ungarischen Königshauses. Ihre Cousine Agnes von Böhmen als Klarissin folgte ihrem Beispiel ebenso nach wie ihre Nichte Margarete und ihre Großnichte Elisabeth als Dominikanerinnen. Elisabeth kam auch im intensiven Heiligen- und Reliquienkult Kaiser Karls IV. eine herausragende Rolle zu, denn Karls zweite Frau Anna war eine entfernte Verwandte der Heiligen und in der Elisabeth-Tradition des ungarisch-angivinischen Königshofes erzogen worden.

Die Franziskaner

Der Franziskanerorden zählte zu den wichtigsten Trägern der Elisabethverehrung im Mittelalter. Elisabeth hatte die entscheidenden religiösen Impulse durch ihre Begegnung mit den frühesten Franziskanern in Deutschland erhalten. Sie fühlte sich lebenslang dem Vorbild des Franziskus von Assisi verbunden, gehörte dem Orden allerdings nie an. Mit ihrer Armuts- und Hospitalfrömmigkeit verkörperte sie eine ursprüngliche Form des Franziskanertums, die im Orden sehr bald auf Kritik stieß. Die Franziskaner standen deshalb dem Kult der hl. Elisabeth zunächst zurückhaltend gegenüber. Erst seit der Mitte des 13. Jahrhunderts, als Elisabeth zu einer der angesehensten Heiligen aufgestiegen war, knüpften sie an die franziskanischen Prägungen Elisabeths an. Sie priesen die hl. Elisabeth als „Mutter der Minderbrüder" und erhoben sie zu einer zentralen Heiligen aus der Frühzeit des Ordens. Vor allem die Laiengemeinschaften des Dritten Ordens (Tertiaren) und die Klarissen als der weibliche Zweig des Ordens verehrten die hl. Elisabeth als ihre Patronin und stellten sie als solche dar. Ein besonderes Merkmal des franziskanischen Elisabethskults war das Interesse an Legenden und Wundererzählungen. Auch das Rosenwunder entstammt der franziskanischen Tradition des 13. Jahrhunderts.

Untergewand der heiligen Elisabeth, *1. Drittel 13. Jh., Leinen, ungefärbt, Trier, Mutterhaus der Barmherzigen Schwestern vom heiligen Karl Borromäus*
Das Unterkleid gehörte zum Reliquienschatz des Klosters Altenberg. Es wurde als das Gewand verehrt, das Elisabeth bei ihren Bußübungen getragen haben soll.

Altenberger Altar, rechter Flügel, Rheinischer Meister, um 1330, Frankfurt am Main, Städelsches Kunstinstitut
Auf dem Hochaltar der Klosterkirche Altenberg stand ein Flügelretabel mit einem Marienzyklus. Zusätzlich sind aber auch der Erzengel Michael und Elisabeth zu sehen. Gekleidet in einen fürstlichen Mantel übergibt die hl. Elisabeth (Darstellung links unten) ein entsprechendes Kleidungsstück an einen Bettler, doch ein Engel ersetzt ihr sogleich das verschenkte Gewand. Ein zweiter Engel verleiht ihr eine himmlische Krone, die derjenigen Marias gleicht. Eine betende Prämonstratenserin neben der Heiligen verbildlicht die Verehrung Elisabeths durch die gesamte Klostergemeinschaft.

Die Dominikaner

Zu den Dominikanern hatte Elisabeth keine persönlichen Kontakte unterhalten. Doch nahm sich dieser zweite große Bettelorden – eine Gemeinschaft zur Armut verpflichteter, gelehrter Predigerbrüder – bereits früh der Elisabeth-Verehrung an. Die Dominikaner gründeten schon bald Männer- und Frauenkonvente zu Ehren der hl. Elisabeth – darunter als eines der ältesten um 1240 das Predigerkloster in Eisenach –, nahmen Elisabeth 1243 in die Heiligenlitanei ihres Ordens auf und verfassten frühe, für den Gottesdienst bestimmte Texte über die hl. Elisabeth. Die wichtigsten Lebensbeschreibungen Elisabeths aus dem Mittelalter (Legenda aurea, Dietrich von Apolda) stammen von Dominikanern. Doch erlangte Elisabeth, wohl wegen ihrer starken franziskanischen Prägung, im Dominikanerorden nie die Bedeutung, die sie als Ordensheilige für die Franziskaner besaß. Die großangelegte Predigerkirche in Eisenach verkörpert als einschiffiger Saalraum den Typus der Bettelordenskirchen, ist aber in ungewöhnlicher Weise mit einer Krypta ausgestattet und weist eine aufwändige, qualitätsvolle Bauzier auf.

Hausaltar des Königs Andreas' III., Neffe der hl. Elisabeth, Venedig, 1290–96, Pergament hinter Kristallschliff, Edelsteine, vergoldetes Silberblech, Bern, Historisches Museum*
Dieser Klappaltar ist ein Luxusartikel aus venezianischer Produktion. Die Vielzahl der Bilder zeigt das gesamte Heilsgeschehen. Die Gründer der Bettelorden sind ebenso hervorgehoben wie die Familienheiligen des ungarischen Königshauses, denen Elisabeth hinzugefügt ist.

Deutscher Orden und Elisabethkult im Mittelalter

Der als Hospitalgemeinschaft gegründete Deutsche Orden hatte Maria zur Patronin. Nach der Umwandlung in einen Ritterorden kam in den 1220er Jahren Georg als Heiliger für den ritterlichen Kampf hinzu. Aufgrund der engen Verbindung des thüringischen Landgrafenhauses mit dem Orden gelangte das Marburger Elisabethhospital in Deutschordensbesitz. Daraufhin erkor der Orden Elisabeth zu seiner dritten Patronin, konnte sie jedoch nicht exklusiv für sich beanspruchen, da sie rasch zu einer allgemein-europäischen Heiligen wurde. Trotzdem blieb sie Ordenspatronin und erfuhr während des ganzen Mittelalters hohe Verehrung in der Liturgie, in Viten, bei Ablässen bis hin zur besonderen Bedeutung als Vorfahrin eines Hochmeisters. Dabei richtete sich die Verehrung nach den jeweiligen Aufgaben des Ordens: Elisabeth stand für dessen Tradition des Hospitaldienstes, die als Gründungsidee beibehalten wurde, wenngleich in sich wandelnder Form. Die infolge politischer Ereignisse des 16. Jahrhunderts wie auch der Reformation notwendig gewordene Reform des Ordens änderte an der Verehrung Elisabeths nichts.

Fromme Frauen

Die Lebensform Elisabeths, die Franziskanertum und Hospitaltätigkeit verband, wurde Vorbild für zahlreiche Frauengemeinschaften. Die franziskanisch geprägte Frömmigkeit Elisabeths machte die Heilige zu einer Leitfigur für die Klarissen, den weiblichen Zweig der franziskanischen Ordensfamilie. Als „Schwester in der Welt“, die Kranke pflegte und den Armen diente, wurde Elisabeth Vorbild für die Beginen, die ein religiöses Leben in Ar-

** in der Ausstellung als digitale Präsentation*

mut und Buße zwischen Kloster und Welt führten und sich dem Hospitaldienst widmeten. Vor allem die zahlreichen Beginengemeinschaften, die in der dichten Städtelandschaft des nordfranzösisch-belgischen Raumes entstanden, waren seit dem 13. Jahrhundert wichtige Träger des Elisabethkults. Das Beispiel Elisabeths, die sich von ihren weltlichen Bindungen losgesagt hatte, wirkte aber auch auf zahlreiche andere Frauen, die sich zu einem religiösen Leben entschieden. Zu ihnen gehörten herausragende Vertreterinnen der Frauenmystik, wie die Begine Mechthild von Magdeburg und die hl. Birgitta von Schweden, die als Witwe in den geistlichen Stand übertrat und den Birgittenorden begründete.

oben:
Hl. Elisabeth, Meister Theoderich, Prag, vor 1365, Kopie (20. Jh.), Prag, Národní galerie v Praze (Nationalgalerie)
In der Kapelle seiner Burg Karlstein ließ Karl IV. großformatige Portraits von Heiligen anbringen. In den Bilderrahmen wurden zudem entsprechende Reliquien deponiert. Elisabeth befindet sich neben der Landesheiligen Ludmilla in der Gruppe der Jungfrauen, Märtyrerinnen und Witwen.

unten: Reisealtar Königin Sancias von Neapel, Neapel, um 1330, Brno, Moravská galerie (Mährische Galerie)*
Der Reisealtar gehörte der Königin Sancia von Neapel, einer Großnichte Elisabeths. Zu sehen sind vorwiegend franziskanische Heilige, darunter auch ihr Schwager Ludwig von Anjou. Elisabeth steht neben der hl. Klara in unmittelbarer Nähe der plastischen Marienfigur.

** in der Ausstellung als digitale Präsentation*

VII ELISABETHVEREHRUNG IN DER SPÄTMITTELALTERLICHEN STADT

Werke der Barmherzigkeit und Hospitäler

Die Elisabethverehrung des Spätmittelalters zeigt ein deutlich verändertes Profil. Geographisch dominiert vor allem der mittel- und osteuropäische Raum und nahezu alle Zeugnisse stammen aus dem Bereich der Städte.

Eine entscheidende Rolle spielen dabei die Hospitäler, die in kirchlicher oder geistlicher Trägerschaft, aber auch als private Stiftungen geführt werden. Die Darstellung der von Elisabeth ausgeführten Werke der Barmherzigkeit findet hier auf Altären oder Wandbildern große Verbreitung.

Mit dem Kreuzwunder werden jetzt häufig auch mystische Elemente integriert, die auf aktuelle Frömmigkeitsformen reagieren. Elisabeth legte einen Aussätzigen in das eigene Ehebett. Von seiner erzürnten Mutter informiert, betrat der Ehemann Ludwig das Schlafgemach, doch vor seinem inneren Auge verwandelte sich der Elende in den gekreuzigten Christus. Aus der inneren Schau wird in der Überlieferung sehr schnell eine für alle sichtbare Christusvision, die sich im Umfeld des Alltäglichen ereignet. Die Verbindung von praktischer Armenpflege mit mystischer Gottesschau verleiht dieser Szene eine besondere Aktualität.

Die hl. Elisabeth als Franziskanertertiarin, Umkreis Hans Tiefenthal, um 1428 (um 1430), Nürnberg, Germanisches Nationalmuseum
Das franziskanisch inspirierte Wirken Elisabeths als „Schwester in der Welt" machte sie zur wichtigsten Patronin von Drittordensgemeinschaften, zu denen Männer und Frauen zusammenfanden, die franziskanischen Lebensformen folgten, aber weiterhin in der Welt lebten.

Private Frömmigkeit

Auch in der privaten Frömmigkeit des Spätmittelalters, die sich in den Wohnhäusern abspielte, hatte Elisabeth ihren Platz. Doch ist die Überlieferungslage sehr viel schwieriger, da hierfür Dokumente zumeist fehlen. Eine Reihe privater Andachtsbilder oder Hausaltärchen, auf denen oft auch der betende Auftraggeber zu sehen ist, belegen jedoch die anhaltende Bedeutung Elisabeths.

Ein hoch interessantes Schlaglicht aber wirft das Testament einer Kölner Bürgerin, die zeitlebens den Gürtel der heiligen Elisabeth in ihrem Haus verwahrte und ihn wohl zuweilen in Geburtsnöten als besonderes Hilfsmittel ausgeliehen hat. Dies zeigt, welche Intensität private Heiligenverehrung erreichen konnte.

Kirchen und Klöster

Die Sorge um das eigene Seelenheil führte zu zahlreichen bürgerlichen Stiftungen in den verschiedenen Kirchen, die sich zunehmend mit Kapellen und Nebenaltären füllten. Immer wieder lassen sich Altäre der heiligen Elisabeth nachweisen, die zumeist auch mit einem Bildretabel ausgestattet waren.

Triptychon, Francesco di Vannuccio (?), um 1370, Tempera auf Holz, Siena, Pinacoteca Nazionale
Der private Klappaltar zeigt die thronende Gottesmutter umgeben von Heiligen. Elisabeth steht in unmittelbarer Nähe des Christuskindes und ist durch eine Krone und die Rosen in ihrem Mantel erkennbar.

Klara von Assisi und Elisabeth, Sano di Pietro, 15. Jh., Tempera auf Holz, Siena, Pinacoteca Nazionale
Das Bildpaar gehört zu einer Folge von sechs kleinen Tafeln, die in einer unbekannten Franziskanerkirche den Rahmen eines größeren Altarwerkes bildeten. Elisabeth trägt wie die Ordensheilige Klara die Tracht der Minderbrüder.

unten: Elisabeth-Triptychon für die private Andacht, Meister der Gewandstudien (Meister der Coburger Rundblätter), Straßburg, um 1480/90, Lindenholz, Tempera, Karlsruhe, Staatliche Kunsthalle Karlsruhe, Gemäldegalerie
Elisabeth wird auf dem Altar als „Mutter der Armen" bezeichnet. Sie steht inmitten der Bedürftigen. Die Flügel zeigen drei Wunder, deren Höhepunkt jeweils eine Verwandlung in Rosen ist: das Rosenwunder, das Kreuzwunder und die Verwandlung einer stinkenden Waschlauge.

Besonders häufig ist dies in den Niederlassungen des Deutschen Ordens der Fall. Dort finden sich oft sogar umfangreiche Zyklen, mit denen die Ordenspatronin geehrt wurde, wie beispielsweise in der Kapelle des Erfurter Nikolaiturmes. Eine spezielle Elisabethverehrung herrschte zudem vielfach in Nonnenklöstern, in denen gerade auch Frauen der städtischen Oberschicht ein religiöses Leben führten. Elisabeth bot sich hier als besondere Identifikationsfigur an.

Elisabeth beherbergt Fremde, Köln, 1380/90, Altarfragment, Tempera auf Tannenholz, Ludwigshafen, Wilhelm-Hack-Museum
Die Tafel ist Teil eines Altarretabels, das auf den Innenseiten Elisabeth bei der Ausübung der Werke der Barmherzigkeit zeigt und vermutlich aus einem Hospital stammt. Der Pilger, der von Elisabeth aufgenommen wird, ist durch den Kreuznimbus eindeutig als Christus gekennzeichnet. Die karitative Handlung ist damit theologisch aufgewertet und als tätige Nachfolge Christi beschrieben.

Elisabeth speist einen Bettler, Genter Psalter, um 1325, Kopenhagen, Det Kongelige Bibliotek
Das franziskanisch geprägte Andachtsbuch aus Gent zeigt vor Psalm 68 Elisabeth und einen unbekannten heiligen Bischof. In der Initiale ist eine Szene aus dem Leben des Franziskus zu sehen. Auf dem unteren Randstreifen betätigt sich ein Affe als Vogelfänger.

Altar der hl. Anna Selbdritt mit hl. Elisabeth, Radács/Ungarn, um 1500, Lindenholz, Budapest, Magyar Nemzeti Galéria (Ungarische Nationalgalerie)
Auf dem Altar aus der Pfarrkirche von Radács in Ungarn flankieren Elisabeth und Maria Magdalena die heilige Anna Selbdritt. Auf den Flügeln kommen weitere weibliche Heilige zur Darstellung, so Helena, die Mutter Kaiser Konstantins, und Maria Ägyptiaca (links) sowie Sophie mit ihren drei Töchtern und Hedwig von Schlesien (rechts).

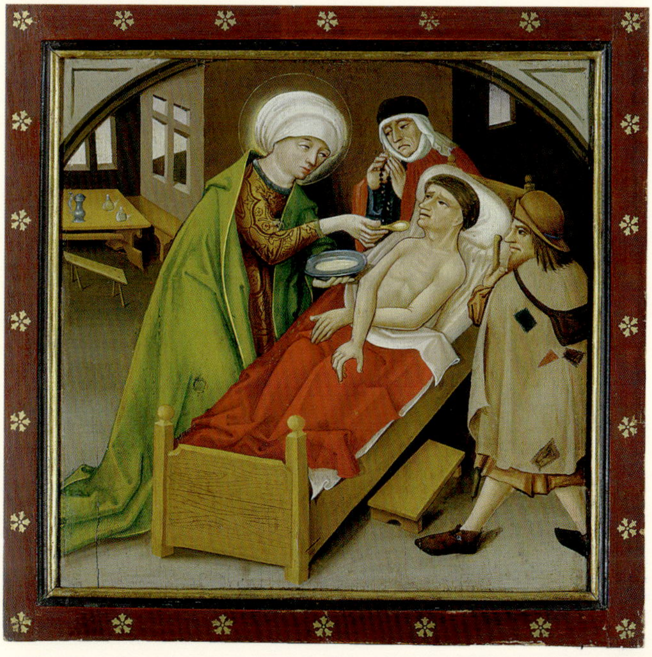

Elisabeth pflegt Kranke, Steirisch, um 1500, Tempera auf Holz, Wien, Schatzkammer und Museum des Deutschen Ordens
Die Tafel, Flügel eines Altarbildes der Deutschordenskirche in Graz, zeigt Elisabeth bei der Krankenpflege. Durch den von rechts herantretenden Pilger wird jedoch auch auf die Aufnahme Fremder verwiesen.

VIII ELISABETH-TEXTE DES SPÄTMITTELALTERS

Die literarischen Elisabeth-Zeugnisse zählten zu den wichtigsten Medien der Gestaltung und Tradierung des Elisabeth-Bildes im Spätmittelalter. Auf der Grundlage der ältesten Quellen entstand eine unübersehbare Fülle von lateinischen und volkssprachlichen Texten, die das Leben und heiligmäßige Wirken Elisabeths beschrieben. Eine zentrale Rolle spielten die franziskanischen Viten, die einige der beliebtesten Elisabeth-Wunder, wie das Rosenwunder, erstmals überliefern. Ein ebenso wichtiger Traditionsstrang ging vom Dominikanerorden aus. Die mit Abstand weiteste Verbreitung fand die Elisabeth-Vita der „Legenda aurea“ des Dominikaners Jacobus von Voragine. Prägend für das Elisabeth-Bild aber wurde die Vita des Erfurter Dominikaners Dietrich von Apolda, die in zahlreichen lateinischen und volkssprachigen Versionen im deutschen Raum rezipiert wurde.

IX LUTHER UND DIE REFORMATION

Sog. Glasbecher der hl. Elisabeth, Östl. Mittelmeergebiet, 10./11. Jh., Kopie, Marburg, Universitätsmuseum für Kunst und Kulturgeschichte
Der als Reliquie Elisabeths geltende Becher wurde ursprünglich in der Kapelle auf der Wartburg aufbewahrt, gelangte in den Wittenberger Heiltumsschatz und ging bei Auflösung des Reliquienschatzes in der Reformation in den Besitz Luthers über.

Im Leben des Reformators Martin Luther (1483–1546) gab es mehrere Berührungspunkte mit der hl. Elisabeth. Luther hat die populäre Heilige aus seinem unmittelbaren thüringischen Lebensumfeld als „unsere Heilige“ bezeichnet und sie mehrfach als Vorbild hervorgehoben. Ihr Wirken und ihre Frömmigkeit deutete Luther im Sinne seiner reformatorischen Theologie. Die mittelalterliche Heilige wurde so zu einer Kronzeugin der evangelischen Wahrheit und Gegnerin der Papstkirche. Während seines Aufenthaltes auf der Wartburg 1521/22 sah er sich mit Elisabeth in besonderer Weise verbunden. Den Abschluss seines dort verfassten Predigthandbuchs (Weihnachts- bzw. Wartburgpostille) datierte er auf den Tag der heiligen Elisabeth. Aus dem 1530 aufgelösten Wittenberger Reliquienschatz erhielt Luther den angeblichen Glasbecher der Heiligen. Das kostbare mittelalterliche Glasgefäß – eine bedeutende Elisabethreliquie – benutzte er zu besonderen Anlässen als Trinkbecher.

Elisabethszene eines Flügelaltars, Werkstatt Lucas Cranachs d. Ä., Wittenberg 1510/15, Öl auf Holz, Sammlung Dr. Rau'sche Kunststiftung in Liquidation Zürich, Schweiz
Der Altar zeigt ein ungewöhnliches Programm , das um das Thema der Eucharistie kreist und vermutlich von einem gelehrten Theologen konzipiert wurde. Die Außenseiten stellen die Anbetung des neugeborenen Jesuskindes bzw. Elisabeth dar, die Brot an eine Gruppe von Armen verteilt.

ELISABETH IN DER FRÜHEN NEUZEIT

Die protestantischen Nachfahren

Als Nachfahre Elisabeths ließ der lutherische Landgraf Philipp von Hessen 1539 die Gebeine der hl. Elisabeth aus der Marburger Elisabethkirche entfernen. Mit diesem Zeichen von hoher Symbolkraft wollte er die aus protestantischer Sicht „abergläubische" Heiligenverehrung Elisabeths durch die katholische Kirche beenden. Dennoch blieb Elisabeth auch bei den Protestanten bis ins 18. Jahrhundert ein Vorbild christlicher Nächstenliebe und Barmherzigkeit. Diese Vorbildfunktion wurde in der Landgrafschaft Hessen weiterhin mit Elisabeths Status als Ahnfrau der Dynastie verbunden. Vor allem in ihrer Armenfürsorge stellten sich die hessischen Landgrafen in die Nachfolge ihrer berühmten Vorfahrin. Auch die Wettiner in Thüringen beriefen sich weiterhin auf ihre Verwandtschaft mit Elisabeth. Insbesondere im jungen Herzogtum Sachsen-Eisenach (1595–1638) sollte die einst auf der Wartburg weilende fromme Landgräfin – ebenso wie Martin Luther – der dynastischen Legitimation dienen.

Die katholische Heilige – Kontinuität und Neuansätze

Das Konzil von Trient (1545–1563), Höhepunkt der katholischen Reform und Gegenreformation, verfestigte die traditionelle Heiligenverehrung. Die hl. Elisabeth wurde weiterhin als eine der großen Heiligengestalten in der gesamten katholischen Kirche verehrt. Ihre Aufnahme in den neuen römischen Festkalender, in Missalien und Breviere und ihre Anru-

Almosen spendende hl. Elisabeth, Umkreis Josef Götsch (?), Bad Aibling (?), um 1770/80 Lindenholz, Nürnberg, Germanisches Nationalmuseum

Die hl. Elisabeth mit Ordensfrauen unter dem Schutzmantel, Wien (?), 18. Jahrhundert, Öl auf Leinwand, Wien, Elisabethinenkloster
Unter Elisabeths ausgebreitetem Mantel haben sich 18 Ordensfrauen versammelt. Die hl. Elisabeth stellt als zentrale Figur einen Teil dieser Gemeinschaft dar. Das Schutzmantelmotiv veranschaulicht das enge Verhältnis der Elisabethinen zu ihrer Ordenspatronin. Elisabeth trägt eine Heiligenkrone auf dem Kopf, zwei schwebende Engel mit Zepter und Palmzweig halten zwei weitere Kronen über sie empor und zeigen damit die drei Kronen im Wappen der Ordensgemeinschaft der Elisabethinen.

Fingerreliquiar der hl. Elisabeth, Ulrich Eberl (?), Augsburg, nach 1573, Gold, Tiefschnittemail, Edelsteine, Perlen, Augsburg, Franziskanerinnen von Maria Stern

oben: Kurfürstin Elisabeth Auguste von der Pfalz als hl. Elisabeth, Felix Anton Besold (um 1710–1774), 1745 Öl auf Leinwand, Heidelberg, Kurpfälzisches Museum Die 1721 geborene Elisabeth Auguste zog sich spätestens nach der tragischen Geburt eines nicht lebensfähigen Prinzen 1761 mehr und mehr von Mann und Politik zurück, gründete 1766 den Elisabeth-Orden und ließ ab 1768 Schloss Oggersheim als Sommerresidenz und Wohnsitz mit eigener Wallfahrtskirche ausbauen. Sie gab mehrere Darstellungen der hl. Elisabeth in Auftrag, die eine Präsenz der Heiligen und mit ihr ein Andenken an die namensgleiche Kurfürstin zeigen sollten .

fung als Fürbitterin setzten ihren Heiligenkult ebenso fort wie die ungebrochene Tradierung ihres heiligmäßigen Lebens in zahlreichen Legendensammlungen und in der Erbauungsliteratur. Sie lieferten auch den Stoff für eine neue Ausdrucksform neuzeitlicher Frömmigkeit: das Jesuitendrama. Auf bildlichen und plastischen Darstellungen, durch Wallfahrten und durch ihre Reliquienverehrung war die hl. Elisabeth in allen Facetten der erneuerten katholischen Religiosität präsent. Besondere Träger der neuzeitlichen Elisabethverehrung blieben mit den Franziskanern, deren weiblichem Zweig der Klarissen und den Drittordenskongregationen sowie dem Deutschen Orden diejenigen geistlichen Gemeinschaften, die der hl. Elisabeth bereits im Mittelalter eng verbunden waren.

Fromme Frauen und Hospitalwesen – Verehrung im Hochadel

Die hl. Elisabeth wurde auch in der Neuzeit vor allem von jenen geistlichen Gemeinschaften als Patronin verehrt, die sich der Krankenpflege und der Armenfürsorge widmeten. Neben den geistlichen Hospitälern, in denen die hl. Elisabeth ungebrochen hohe Verehrung genoss, besaß der im 17. Jahrhundert neu gegründete Orden der Elisabethinnen die größte Bedeutung. Er berief sich auf das Vorbild der hl. Elisabeth. Durch seine Ausbreitung in Mittel- und Osteuropa wurde er zu einem der wichtigsten Orden der neuen Hospitalbewegung. Zu einer nicht ausschließlich religiös motivierten Verehrung der hl. Elisabeth kam es im 17./18. Jahrhundert in Kreisen des katholischen Hochadels. Einigen seiner Mitglieder wie der pfälzischen Kurfürstin Elisabeth Auguste (1721-1794) diente die hl. Elisabeth als Namenspatronin zur Repräsentation fürstlichen Selbstverständnisses. Andere wie etwa der zum katholischen Glauben konvertierte Landgraf Friedrich von Hessen-Darmstadt (1616–1682) beriefen sich auf die Heilige als dynastische Ahnfrau.

unten: Almosenspende der hl. Elisabeth, Giovanni Battista Pittoni, um 1734 Öl auf Leinwand, Salzburg, Barockmuseum, Sammlung Rossacher

Elisabeth in der Moderne – Romantik und Historismus

Um 1800 setzte bei Historikern und Malern nahezu gleichzeitig eine neue, intensive Beschäftigung mit der heiligen Elisabeth ein, die zu einer regelrechten „Modeheiligen" des 19. Jahrhunderts wurde. Neben den beiden einflussreichen Biographien von Karl Wilhelm Justi (1797/1835) und Charles Forbes de Montalembert (1836) spielte die deutsche Künstlergruppe der Nazarener hierbei eine zentrale Rolle. Die Geschichte Elisabeths löste sich damit aus dem sakralen Kontext und fand Eingang in die profane Welt privater Sammlungen, bürgerlicher Kunstvereine und städtischer Akademien.
Die neuen Bildentwürfe wurden als Druckgraphiken verbreitet und dienten vielfach auch zur Illustration historischer oder erbaulicher Bücher. Als besonders einflussreich erwies sich ein Stahlstich nach einer Zeichnung Friedrich Overbecks, der maßgeblich zur Popularität des Rosenwunders beitrug. In Anlehnung an die Tugend der Nächstenliebe formten die Maler Elisabeth gemäß einem Frauenideal, das dem Zeitgeschmack entsprach, und zeigten sie als eine jugendlich anmutige, aber bescheidene und demütige Schönheit.

Die hl. Elisabeth verteilt Almosen auf der Wartburg, Gustav Heinrich Naeke, 1820–27, Öl auf Leinwand, Frankfurt a. M., Kunsthandel H. W. Fichter
Das Hauptwerk des sächsischen „Nazareners" zeigt eine idealisierte Heilige bei der Armenspende vor vaterländischer Kulisse. Es entstand als Auftragswerk und wurde oft in Stichen reproduziert.

Plakat der Caritas, Ungarn, Gabor Jaszay, „Szent-Erzebet hiv … .“ (St. Elisabeth ruft), 1934
Das Plakat belegt einerseits die Bedeutung der Heiligen für den Caritasverband als Leitfigur christlicher Nächstenliebe, andererseits Elisabeths Rang als ungarische Nationalheilige eines erst seit 1918 vollständig unabhängigen Staates Ungarn.

Moderne Formen der Elisabeth-Frömmigkeit

Im 19. Jahrhundert erfuhr die Heiligenverehrung eine erneute Blüte. Elisabeth blieb nicht nur eine der wichtigsten Heiligen der katholischen Kirche, sondern wurde durch die Erbauungsliteratur auch zu einer ihrer populärsten Vertreterinnen.

Im Zuge der Erneuerung religiöser Malerei durch die Künstlergruppe der Nazarener sollte auch die Gestaltung der populären Heiligen- und Andachtsbilder verbessert werden. Zahlreiche Verlage spezialisierten sich seit der zweiten Hälfte des 19. Jahrhunderts auf die Produktion derartiger Bilddrucke, die Elisabeth zumeist als erhabene Fürstin bei der Verteilung von Almosen zeigten und die Rosen zunehmend zu ihrem wichtigsten Attribut machten.

Für die religiösen und sozialen Aufbruchsbewegungen wurde Elisabeth zu einer integrierenden Vorbildsfigur aller christlichen Konfessionen. In der evangelischen Diakonie und vor allem in den katholischen karitativen Orden und Laiengruppierungen des 19./20. Jahrhunderts diente Elisabeth als Leitbild. Der Caritasverband, die größte katholische Hilfs- und Wohlfahrtsorganisation, erhob sie zu seiner Patronin, neue karitative Ordensgemeinschaften wie die Grauen Schwestern stellten sich unter ihren Schutz und zahllose Frauen folgten ihrem Beispiel in Elisabethvereinen und -konferenzen in den tätigen Werken der Nächstenliebe.

Regionalisierung – Die Wartburg und Marburg

Die Wartburg und Marburg als die beiden wichtigsten Lebensorte der hl. Elisabeth wurden im 19. Jahrhundert die Zentren einer sich breit entwickelnden, auf Elisabeth bezogenen regionalen Erinnerungskultur.

rechts: Französische Elisabeth, Elisabethkirche in Marburg, 1470/80
Diese Darstellung der hl. Elisabeth mit Kirchenmodell wurde im 19. Jahrhundert hundertfach kopiert bzw. rezipiert.

Von Anfang an war Elisabeth neben dem Sängerkrieg und Martin Luther Teil des sich herausbildenden Wartburg-Mythos. Als Großherzog Carl Alexander seit 1838 den Wiederaufbau der Wartburg als nationales Geschichtsdenkmal plante, schlug er eine dynastische Brücke, die ihn mit dem Mäzenatentum der Thüringer Landgrafen und dem segensreichen Wirken der hl. Elisabeth verband. Bei dem Ausbau der Burganlage durch Hugo von Ritgen wurde dann jedem der beschworenen Geschichtsmomente ein eigener Ort zugewiesen. Für Elisabeth wählte man den schmalen Gang, der zur Kapelle führt. Moritz von Schwind schuf hier einen an spätmittelalterlichen Vorbildern orientierten Zyklus, der wie das Marburger Glasfenster mit den Werken der Barmherzigkeit verbunden ist.

In Marburg und Umgebung wurden das Rosenwunder und die hl. Elisabeth mit dem Modell ihrer Kirche zu den beliebtesten Bildmotiven einer romantisierenden, überwiegend profanen Erinnerungskultur, in deren Mittelpunkt neben Elisabeth selbst zunehmend die Elisabethkirche als lokal prägnantestes Denkmal rückte.